BEI GRIN MACHT SICH IHR WISSEN BEZAHLT

AF141787

- Wir veröffentlichen Ihre Hausarbeit, Bachelor- und Masterarbeit

- Ihr eigenes eBook und Buch - weltweit in allen wichtigen Shops

- Verdienen Sie an jedem Verkauf

Jetzt bei www.GRIN.com hochladen und kostenlos publizieren

Harry Heinemann

Mobbing am Arbeitsplatz. Definition, Ursachen und Auswirkungen

GRIN Verlag

Bibliografische Information der Deutschen Nationalbibliothek:

Die Deutsche Bibliothek verzeichnet diese Publikation in der Deutschen National-
bibliografie; detaillierte bibliografische Daten sind im Internet über http://dnb.d-
nb.de/ abrufbar.

Impressum:

Copyright © 2007 GRIN Verlag GmbH
Druck und Bindung: Books on Demand GmbH, Norderstedt Germany
ISBN: 978-3-638-89109-7

Dieses Buch bei GRIN:

http://www.grin.com/de/e-book/86531/mobbing-am-arbeitsplatz-definition-ursachen-
und-auswirkungen

GRIN - Your knowledge has value

Der GRIN Verlag publiziert seit 1998 wissenschaftliche Arbeiten von Studenten, Hochschullehrern und anderen Akademikern als eBook und gedrucktes Buch. Die Verlagswebsite www.grin.com ist die ideale Plattform zur Veröffentlichung von Hausarbeiten, Abschlussarbeiten, wissenschaftlichen Aufsätzen, Dissertationen und Fachbüchern.

Besuchen Sie uns im Internet:

http://www.grin.com/

http://www.facebook.com/grincom

http://www.twitter.com/grin_com

Hamburger Fern-Hochschule

Studiengang Betriebswirtschaft

Studienfach Betriebssoziologie/-psychologie

Frühjahrssemester 2007

Hausarbeit zum Thema

Mobbing am Arbeitsplatz

von

Harry Heinemann

02.02.2007

Inhaltsverzeichnis

1 Ziele der Arbeit

Mobbing ist nicht nur ein Thema, das uns immer häufiger in den Medien begegnet. In jedem Betrieb, in jeder Abteilung wird getuschelt, gehänselt, schikaniert, werden Gerüchte verbreitet und viele andere Angriffe auf die Persönlichkeit vorgenommen. Mittlerweile glaubt fast jeder zu wissen, worum es bei Mobbing geht. Und viele Menschen denken, selbst schon mal betroffen gewesen zu sein oder zumindest Mobbing beobachtet zu haben.

Zur Einführung in das Thema soll ein Praxisfall dienen:

G. aus Berlin, Mitte Zwanzig, attraktive Erscheinung, intelligent und ehrgeizig, nahm eine Anstellung als Sekretärin der Geschäftsführung eines Dienstleistungsunternehmens an. Bereits ab dem ersten Tag bemerkte G. die Ablehnung der älteren der anderen beiden Sekretärinnen. Die Anwendung bestimmter Kenntnisse und Fähigkeiten, die die „Konkurrentin" nicht besaß, wurde ihr übel genommen. Schon nach kurzer Zeit war es so, dass die Geschäftsführung stets G. aufgrund ihrer Qualifikation mit Sonderaufgaben beauftragte. G. erfährt, dass hinter ihrem Rücken immer wieder kleine Intrigen gesponnen werden. Als ihre Versuche scheiterten, die Situation direkt mit der Kollegin zu klären, entschied sie sich, die Geschäftsführung zu informieren. Diese sah aber keinen Handlungsbedarf. Die ständigen Sticheleien wurden noch durch Handlungen eines Geschäftsführers geschürt, indem dieser offensichtliche Annäherungsversuche unternahm, vor allem durch persönliche Geschenke, die G. aber ablehnte. In der Folge gab es Versuche, G. arbeitstechnische Versäumnisse und Fehler in die Schuhe zu schieben. G. litt tagsüber an Appetitlosigkeit und hat abends aus Frust übermäßig gegessen. Schlafstörungen wurden zur Regel, es verstärkte sich Gereiztheit, die auch auf das Privatleben ausstrahlte. Die Bürosituation beschäftigte G. den ganzen Tag über, sieben Tage die Woche und führte zu depressiven Zuständen.

Als G. schwanger wurde, riet ihre Ärztin, dringend eine Versetzung zu beantragen. Eine Kündigung hatte G. ebenfalls in Erwägung gezogen (G. 2006, Interview).

Ziel der Arbeit ist es, Antworten auf die folgenden Fragen zu bekommen: Was genau ist unter Mobbing zu verstehen, warum kommt es zu Mobbing-Handlungen, in welcher Form treten diese Aktivitäten auf, welche Auswirkungen hat Mobbing und was kann man gegen Mobbing unternehmen?

2   Was ist Mobbing?

2.1   Definition und Abgrenzung zu verwandten Begriffen

Der Begriff Mobbing geht auf das englische Wort „mob" zurück, das übersetzt angreifen, anpöbeln, schikanieren, über jemanden herfallen bedeutet. Im Ursprung entstammt das Wort der lateinischen Bezeichnung "mobile vulgus", womit eine „aufgewiegelte Volksmenge, Pöbel, soziale Massengruppierungen in denen zumeist zerstörerisch wirkende Verhaltenpotenz vorherrscht", gemeint ist. Darüber hinaus hat sich für das Phänomen des Psychoterrors am Arbeitsplatz vor allem im angelsächsischen Sprachgebrauch der Begriff „Bullying" etabliert, was übersetzt tyrannisieren, schikanieren, einschüchtern und piesacken bedeutet. Aus entwicklungsgeschichtlicher Sicht wurde der Begriff Mobbing bereits 1958 vom Verhaltenswissenschaftler Lorenz angewendet. Er verwendete diesen Begriff, um das Angriffsverhalten von Tieren gegenüber einem einzelnen Tier zu beschreiben. In den 60er Jahren etablierte der schwedische Mediziner Heinemann, angelehnt an das Angriffsverhalten der Tiere, durch Publikationen den Begriff. In den 90er Jahren verwendete der als Pionier der Mobbing-Forschung geltende schwedische Arbeitspsychologe und Betriebswirt Leymann den Begriff erstmals in seiner heutigen Bedeutung für gezielten Psychoterror am Arbeitsplatz (vgl. KOLODEJ 2005, 21).

Neben dem Mobbing gibt es Angriffe auf die Persönlichkeit, die starke Berührungspunkte zum Mobbing-Begriff aufweisen. *Sexuelle Belästigung* am Arbeitsplatz wird in fast allen westlichen Industriestaaten als ernsthaftes Problem in der Arbeitswelt thematisiert. Wie Praxisfälle zeigen, kann Mobbing die Folge einer zeitlich davor stattgefundenen sexuellen Belästigung sein. Die *Diskriminierung* am Arbeitsplatz wird in den meisten Rechtsordnungen westlicher Industriestaaten mit speziellen Regelungen sanktioniert. Unter Diskriminierung ist jede Art von Ungleichbehandlung einer Menschengruppe zu verstehen, die gegen das herrschende Wertesystem verstößt. Darunter fallen Gruppen oder Personen, die bestimmte Merkmale aufweisen, wie beispielsweise ethnische Zugehörigkeit, Hautfarbe oder Geschlecht. Auch das Thema *Gewalt* am Arbeitsplatz erfährt eine zunehmende Bedeutung. In den meisten Fällen handelt es sich dabei um Situationen, in denen Beschäftigte einer Unternehmung typische Dienstleistungen erbringen und die Kunden als Aggressoren auftreten. Damit fokussiert sich die Gewalt vor allem auf arbeitsplatzexterne Relationen, während Mobbing auf betriebsinterne Beziehungen beruht. Gewaltakte sind in der Regel Einzeltaten, womit das typische Element beim Mobbing, die Handlungswiederholung über einen längeren Zeitraum fehlt (vgl. NIEDL 1995, 25 f.).

2.2 Ursachen von Mobbing

Grundsätzlich entwickelt sich Mobbing aus einem Konflikt heraus. Ohne Konflikte gäbe es auch kein Mobbing. Unternehmen streben eine störungsfreie Produktion an, die wirtschaftlich läuft. Entsteht eine Situation, die von dieser Normalität abweicht, taucht ein Problem auf. Um das Problem zu lösen, müssen die Ursachen aufgespürt, analysiert und Lösungsvorschläge erarbeitet werden. Dieses rationale Problemlösungs-verhalten ist nichts Natürliches für uns Menschen, jedenfalls nicht im kollektiven Prozess. So etwas muss erlernt werden. Ist das entsprechende Wissen nicht vorhanden, besteht ein Risiko: Die Probleme können personifiziert werden, auch wenn sie mit dem einzelnen Menschen gar nichts zu tun haben. Fehlt es an der Ressource Problemlösungsfähigkeit, entsteht ein Konflikt. Beim Konflikt geht es um verschiedene Meinungen, die aufeinanderprallen. Sollten die Menschen in diesem Konflikt der Meinung sein, sie hätten die einzige richtige Lösung, gibt es keinen Weg zu einem Kompromiss. Das Risiko, dass der Arbeitszusammenhang zusammenbricht, ist groß. In diesem destruktiven Prozess kann der einzelne Mensch leicht zum Sündenbock werden und damit zum Mobbing-Opfer (vgl. LEYMANN 2006, 129 f.).

Betriebliche Ursachen sind denkbar, wenn sich die betrieblichen Rahmenbedingungen ungünstig für die Mitarbeiter gestalten. Dazu zählen schlechte Umgebungsbedingungen wie Lärm, Temperatur, Schmutz oder Unfallgefahr. Aber auch festgefahrene Organisationsstrukturen, die sich durch eine steile Hierarchie und durch starke Kontrolle und Fremdbestimmtheit ausdrücken, erhöhen das Konfliktpotenzial. Je stärker die Mitarbeiter kontrolliert werden, desto geringer wird ihr persönlicher Handlungs- und Entscheidungsspielraum und die Motivation lässt nach. Das Gefühl, die Arbeitssituationen aktiv gestalten zu können, geht verloren, stattdessen verstärkt sich der Eindruck, „Dienst nach Vorschrift" leisten zu müssen. Daraus können Anspannungen, Belastungsgefühle und Aggressionen resultieren, die sich auf die Ebenen des zwischenmenschlichen Bereiches verlagern können. In einem solchen Arbeitsklima kann Mobbing die Folge einer zu stark regulierenden und restriktiven Firmenpolitik sein (vgl. KOLODEJ 2005, 56 f.).

Bei den *gesellschaftlichen Ursachen* ist als sehr wesentlicher Punkt die schlechte Arbeitsmarktlage zu erwähnen, die als Grund für eine Entwicklung vom Miteinander zum Gegeneinander am Arbeitsplatz betrachtet werden kann. Daraus entstehen Auswirkungen der Angst, die Kollegen zu Konkurrenten werden lassen. Existenzangst kann so in einer rezessiven Wirtschaftslage oder unternehmensspezifisch schwierigen Situation zu Mobbing-Prozessen führen. Für den Betrieb bedeutet dies, dass die Ressourcen und Fähigkeiten der einzelnen Gruppenmitglieder nicht optimal ausgeschöpft werden können. Aber auch gesellschaftlich diskriminierende Werte und Normen können Mobbing-Aktivitäten begünstigen. Menschen, die den gesellschaftlichen Normen und Werten nicht entsprechen oder entsprechen wollen, laufen besonders Gefahr, zu Mobbing-Opfern zu werden. Zu den bekanntesten Gruppierungen, die durch ihre Andersartigkeit gefährdet sind, zählen insbesondere Behinderte mit verschiedenen Handicaps, Ausländer, Asylbewerber, Frauen in

Männerberufen, ältere Arbeitnehmer, Homosexuelle und Menschen mit ansteckenden Krankheiten. Mobbing als Ausgrenzungshandlung im Arbeitsleben richtet sich demnach vorwiegend an Personen, die sich in der Position des Schwächeren oder einer Minderheit befinden (vgl. KOLODEJ 2005, 54 f.).

Ursachen in der Sozialstruktur kommt zum einen durch schlechtes Kommunikationsverhalten zustande, wo es zu Divergenzen zwischen gemeinter und interpretierter Nachricht bzw. Information kommt. Zum anderen kann eine mangelnde Streitkultur negative Wirkungen haben. Deshalb ist es wichtig, dass das Unternehmen für eine Streitkultur sorgt, die eine offene Einstellung gegenüber Konflikten beinhaltet. Dies erfordert die Existenz von betrieblichen Diskussionsmöglichkeiten, etablierten betrieblichen Schlichtungsstellen, Betriebsvereinbarungen, speziellen Ansprechpartnern (vgl. KOLODEJ 2005, 59 f.).

2.3 Methoden des Mobbers

Den „Phantasien" des Mobbers sind keine Grenzen gesetzt. Exemplarisch werden einige Handlungsmöglichkeiten aufgezeigt:

- Äußerungsmöglichkeiten des Gemobbten werden eingeschränkt
- Man lässt sich von dem Betroffenen nicht mehr ansprechen
- Gemobbte werden zu gemeinsamen Treffen nicht mehr eingeladen
- Politische und religiöse Einstellungen werden angegriffen
- Mündliche und schriftliche Drohungen
- Hinter dem Rücken werden Intrigen gesponnen
- Man imitiert den Gang, die Stimme oder Gesten
- Die berufliche Qualifikation wird ständig angezweifelt
- Fehler werden dem Gemobbten „in die Schuhe geschoben"
- Es werden bewusst falsche Auskünfte erteilt
- Beleidigung mit obszönen Schimpfwörtern
- Ausschluss von Weiterbildungsmaßnahmen

(vgl. KRATZ 2003, 25 f.).

2.4 Auswirkungen von Mobbing

Auswirkungen auf den Mobbing-Betroffenen

Personen, die Mobbing ausgesetzt sind, versuchen in den meisten Fällen zunächst aktiv im Rahmen ihrer Möglichkeiten zu handeln. Sie wehren sich verbal, suchen das persönliche Gespräch zwecks Aussprache oder versuchen der Situation auszuweichen.

Auch die Beschwerde bei ihrem Vorgesetzten oder beim Betriebsrat wird als Lösungsmöglichkeit herangezogen. Bleiben die Gegenmaßnahmen und Versöhnungsversuche ohne Erfolg, beginnt oft der Leidensweg des Mobbing-Betroffenen. Er wird ständig angegriffen, bloßgestellt, gedemütigt und ungerecht behandelt. Die Handlungen des Mobbers verursachen beim Mobbing-Betroffenen Stress-Situationen. Dabei stellen sich oftmals Schlafstörungen, Albträume, Kopfschmerzen, Magen- und Darmbeschwerden, Niedergeschlagenheit, Gereiztheit sowie Appetit-losigkeit ein. Psychische und psychosomatische Erkrankungen sind regelmäßig die Folge von Mobbing. Oftmals gesellt sich der Missbrauch von Medikamenten und Alkohol hinzu. Das letzte Glied in der Reihe möglicher Auswirkungen von Mobbing stellt manchmal der Selbstmord-versuch dar. Neben den gesundheitlichen Folge- erscheinungen von Mobbing sind regelmäßig auch Konsequenzen und Beeinträchtigungen für das soziale Umfeld des Mobbing-Betroffenen sowie für seine berufliche Situation verbunden. Die Aufrechterhaltung des Beschäftigungsver-hältnisses erscheint den Mobbing-Betroffenen als undenkbar und die Versetzung in eine andere Abteilung oder gar die Kündigung als einziger Ausweg, dem Mobbing zu entrinnen (vgl. ESSER/WOLMERATH 2005, 42 f.).

Auswirkungen auf den Mobber

Der Mobber, der in aller Regel nicht ausgegrenzt ist, häufig sogar mit (stillschweigender) Billigung oder sogar Unterstützung Dritter handelt, wird in sozialer, beruflicher sowie gesundheitlicher Hinsicht grundsätzlich keine negativen Effekte zu befürchten haben. Gesundheitlichen Risiken dürfte der Mobber nur ausgesetzt sein, wenn er seine Handlungen als Abwehrmaßnahme gemäß dem Motto „Angriff ist die beste Verteidigung" einsetzt. In einer solchen Situation dürfte das Mobbing auch bei ihm Stress-Situationen mit erheblichen emotionalen Belastungen auslösen (vgl. ESSER/WOLMERATH 2005, 45).

Auswirkungen auf die Belegschaft

Mobbing hat negative Auswirkungen auf das Betriebsklima sowie die Arbeitsmoral. Die Beschäftigten sind in ihrer psychosozialen Befindlichkeit verunsichert. Zunehmende Fehlzeiten des Mobbing-Betroffenen schlagen sich häufig in Mehrbelastungen für die Arbeitskollegen nieder. Folglich muss mit einer abnehmenden Leistungsmotivation gerechnet werden. Im ungünstigsten Fall kann die Qualität und Quantität der Arbeitsergebnisse so stark abnehmen, dass eine Gefährdung der Arbeitsplätze möglich wird (vgl. ESSER/WOLMERATH 2005, 45 f.).

Auswirkungen auf den Betrieb

Mobbing führt zu einer Kostensteigerung, die im Einzelfall derart gravierend sein kann, dass eine Abteilung geschlossen werden muss oder im Extremfall sogar die Existenz des Betriebes auf dem Spiel steht. Mögliche Kostenfaktoren bei Mobbing können sein: Kosten infolge der Fehlzeiten, der Versetzung, der Kündigung, schlechterer Arbeitsergebnisse des Mobbing-Betroffenen, Kosten für die Inanspruchnahme von Unternehmensberatern, Rechtsanwälten, Headhuntern, Kosten der Personalabteilung. Oftmals ist mit Mobbing auch ein Imageverlust für den Betrieb verbunden (vgl. ESSER/WOLMERATH 2005, 46).

Auswirkungen auf die Gesellschaft

Je weiter sich Mobbing ausbreitet, desto mehr geht in der Gesellschaft die Fähigkeit zur offenen, fairen und konstruktiven Austragung von Konflikten verloren. Dadurch wird die Zunahme von verbaler und nonverbaler Gewaltbereitschaft und dem Verlust der Fähigkeit zur Kommunikation begünstigt. Des Weiteren ist mit steigenden Leistungen zu rechnen, die im Zusammenhang mit Mobbing-Situationen seitens der Krankenkassen, der Rentenversicherung, der Bundesagentur für Arbeit sowie aus allgemeinen Steuermitteln zu erbringen sind (vgl. ESSER/WOLMERATH 2005, 47).

3 Stand der Mobbingforschung

3.1 Verbreitung von Mobbing

Gemäß einer telefonischen Mobbing-Umfrage aus dem Jahr 2001 liegt die durchschnittliche Mobbing-Quote in der erwerbsfähigen Bevölkerung bei 2,7 %. Bei einer Gesamtzahl von ca. 39 Mio. Erwerbstätigen in der Bundesrepublik Deutschland entspricht das einer absoluten Zahl von rund 1 Mio. Personen. Werden in der Vergangenheit am Arbeitsplatz gemobbte Personen hinzu gezählt, so erhält man bei der gesamten Betroffenheitsquote von 11,3 % ungefähr 4 Mio. Personen, die schon mindestens einmal im Verlauf ihrer Erwerbstätigkeit gemobbt wurden (vgl. MESCHKUTAT u.a. 2005, 23 f.).

3.2 Charakteristika von Mobbing-Betroffenen

Nach den Ergebnissen der telefonischen Befragung wurden zur Zeit der Umfrage 3,5 % der erwerbstätigen Frauen und 2,0 % der erwerbstätigen Männer gemobbt. Das Mobbing-Risiko von Frauen ist somit um 75 % höher, als das von Männern. Auch in Bezug auf das Alter lassen sich Differenzierungen der Mobbing-Quote erkennen: Der Anteil der Betroffenen unter den Erwerbstätigen im Alter von 25-34 Jahren sowie zwischen 35 und 44 ist mit jeweils 2,6 % gleich groß. Die geringste Quote findet sich in den Altersgruppen 45 bis 54 Jahre (2,2 %). Am stärksten betroffen sind jedoch die unter 25-Jährigen mit einer Mobbig-Quote von 3,7 %. Bei der Differenzierung nach Berufsgruppen ist festzustellen, dass das mit Abstand größte Mobbing-Risiko in sozialen Berufen wie Sozialarbeiter, Sozialpädagogen und Erzieher besteht (2,8-faches Risiko). Immer noch doppelt so hoch wie der Durchschnitt ist das Mobbing-Risiko von Verkaufspersonal und Fachleuten aus Banken, Bausparkassen und Versicherungen, während Büroberufe / kaufmännische Angestellte einem 1,3-fachen Risiko unterliegen. Unterdurchschnittliche Mobbing-Risiken zeigen sich bei Groß- und Einzelhandelskaufleuten, Ein- und Verkaufsfachleuten, Reinigungs- und Entsorgungsberufen (0,5), Berufen des Landverkehrs (0,3) und landwirtschaftlichen Berufen (0,1) (vgl. MESCHKUTAT u.a. 2005, 25 f.).

3.3 Charakteristika der Mobber

Systematische Feindseligkeiten gehen von sämtlichen Hierarchieebenen aus. Allerdings ist bemerkenswert, dass in 38,2 % der Mobbing-Fälle ausschließlich vom Vorgesetzten Mobbing betrieben wird. In weiterer 12,8 % wirkt der Vorgesetzte mit, so dass in mehr als der Hälfte der Fälle der Vorgesetzte beteiligt ist. Die geschlechtspezifische Betrachtung der Mobber zeigt, dass 40,7 % der Betroffenen hauptsächlich von einer Frau gemobbt wurden und 59,3 % hauptsächlich von einem Mann. Beim Blick auf das Alter der Hauptmobber fällt auf, dass die Quote der Altersgruppe unter 25 Jahre mit 1,9 % äußerst gering ist. Auch die 25 bis 34 Jahre alten Mobber sind mit 14,0 % noch sehr schwach vertreten. Und die Mobber, die 55 Jahre und älter sind, sind für 14,9 % der Fälle verantwortlich. Damit lag das Alter der Mobber in zwei Drittel aller Fälle zwischen 35 und 54 Jahre (vgl. MESCHKUTAT u.a. 2005, 64 f.).

4 Handlungsmöglichkeiten

4.1 Mobbing-Prävention

Prävention gegen Mobbing hat zum Ziel, Maßnahmen zu planen und durchzuführen, die zeitlich vor dem Konflikt liegen, sodass dieser erst gar nicht ausbricht. Dementsprechend liegt der Fokus von vorbeugenden Maßnahmen darauf, die betrieblichen Rahmenbedingungen so zu gestalten, dass Faktoren reduziert werden, die Mobbing begünstigen (vgl. KOLODEJ 2005, 149).

Persönliche Prävention

Wichtig ist, dass Konflikte offen und ehrlich angesprochen werden. Sie sollten möglichst emotionsfrei unter den Personen ausgetragen werden, unter denen diese ursächlich entstanden sind. Ist der Prozess so weit fortgeschritten, dass er auf dieser Ebene nicht mehr überschaubar und steuerbar ist, sollte man Hilfsangebote in Anspruch nehmen, um eine Klärung herbeizuführen (vgl. KOLODEJ 2005, 150).

Betriebliche Prävention

Die arbeitsorganisatorische Gestaltung stellt einen wichtigen Faktor bei der Entstehung von Mobbing dar. Grundsätzlich sollte die Arbeitsorganisation transparent gestaltet sein. Dazu zählen die Formulierung von Arbeitsplatz-/Tätigkeitsbeschreibungen, die Gestaltung flexibler Arbeitsplätze, die auf das Leistungsniveau der Mitarbeiter abgestimmt sind und die Schaffung von günstigen Umgebungs- bedingungen. Auch die Verminderung dauerhafter Über- und Unterforderungen stellt eine wesentliche Präventivmaßnahme dar. Eine effiziente Einstellungs- und Einführungspolitik hat ebenfalls präventiven Charakter, da personelle Veränderungen häufig für die Entstehung von Mobbing bedeutend sind. Vor der Einstellung sollten insbesondere Aspekte wie Kollegialität, Teamfähigkeit, Konflikt- und Kommunikationsfähigkeit und Einordnungsfähigkeit der Kandidaten überprüft werden (vgl. KOLODEJ 2005, 150 f.).

Eine besondere Stellung nehmen Führungskräfte ein. Von Führungskräften wird die Fähigkeit erwartet, eine Gruppe von Individuen so zu beeinflussen, dass sie gemeinsam die Erreichung bestimmter Ziele anstreben. Gemäß Eigenschaftstheorie gibt es sechs Charakterzüge, durch die sich Führungskräfte auszeichnen. Diese sind Ehrgeiz und Energie, Ehrlichkeit und Integrität, der Wunsch zu führen, Selbstvertrauen, Intelligenz und arbeitsbezogenes Wissen (STRUNZ „o.J.", 31).

Nach der Einstellung sollte eine aktive Begleitung während der Einarbeitung erfolgen. Begrüßungsunterlagen, in denen allgemeine Informationen über den Betrieb vermittelt werden, sowie Ablaufpläne für die Einarbeitungszeit sind hierbei nützliche Mittel. Außerdem sind Gruppenschulungen und Seminare für Mitarbeiter sowie die persönliche Beratung von Führungskräften, die für das Thema Mobbing sensibilisieren, sinnvoll. Eine wichtige präventive Maßnahme stellt die Etablierung von Ansprechpartnern dar, die als Vertrauenspersonen fungieren. Eine Hilfestellung im Umgang mit Mobbing können Betriebsvereinbarungen sein, die das formelle Konfliktlösungsverfahren beinhalten (vgl. KOLODEJ 2005, 150 f.).

4.2 Mobbing-Intervention

Mögliches Versöhnungsverhalten
Bevor Dritte zur Bewältigung der Problemsituation hinzugezogen werden, sollte die Versöhnung unter den direkt Beteiligten angestrebt werden. Oft tun sich aber die Personen schwer, den ersten Schritt zu wagen. Mögliche Ideen, das „Eis zu brechen", sind Gesten wie Lächeln, sich in das Gesicht schauen, Verlegenheit andeuten oder der Körperkontakt durch Hand reichen, auf die Schulter klopfen oder Umarmungen. Auch Objektangebote, wie kleine Geschenke machen oder Büroartikel ausleihen, können hilfreich sein (TAGLIEBER 2006, 25).

Eigenkompetenzen stärken
Mobbing-Handlungen bewirken die Verminderung des Selbstbewusstseins der Betroffenen. Daher ist jede Intervention, die das Selbstbewusstsein steigert, wichtig. Angefangen bei einem freundschaftlichen Gespräch über das Hinzuziehen von fachlichen und psychologischen Experten bis hin zu Selbstbewusstseinstraining und Stressmanagementseminaren (vgl. KOLODEJ 2005, 122).

Hilfsangebote in Anspruch nehmen
Mobbing kann so schwerwiegende Folgen für die psychische und physische Konstitution der Betroffenen haben, weil sie zunehmend in die absolute Isolation geraten. Ursache ist gekränkter Stolz und verletzte Eitelkeit, sodass nicht mehr unter den verschiedenen Menschen differenziert wird und alle als mutmaßliche Feinde angesehen werden. Bevor Hilfsangebote in Anspruch genommen werden, sollte ein klärendes Gespräch mit den Kollegen und Vorgesetzten gesucht werden, bei dem die Betroffenen darauf achten, die Kritik sachlich und möglichst ohne Aggression zu formulieren. Kann der Mobbing-Prozess hierdurch nicht beendet werden, ist es ratsam, den Betriebsrat, den Betriebspsychologen und andere Vertrauenspersonen einzuschalten. Gibt es innerhalb des Betriebes keine entsprechenden Anlaufstellen, sollten externe

Hilfsangebote in Anspruch genommen werden. Hierbei kommen beispielsweise Maßnahmen wie Coaching, Teilnahme an einer Selbsthilfegruppe oder die Inanspruchnahme einer Mobbing-Beratung in Frage (vgl. KOLODEJ 2005, 122 f.).

Juristische Intervention

Der Begriff Mobbing ist ein relativ junger Begriff. Sein erstes Auftauchen in der Rechtsprechung geht auf das Jahr 1997 zurück. Das deutsche Bundesarbeitsgericht (15.01.1997, 7 ABR 14/96, weitere wichtige Urteile siehe 5.2 dieser Arbeit) orientierte sich dabei an gängigen Mobbing-Definitionen der Literatur. Die dem Thema Mobbing zurechenbaren Fälle findet man in der Rechtsprechung insbesondere unter den Schlagworten „gestörtes Arbeits- oder Betriebsklima", „beeinträchtigter Betriebsfrieden" oder „Schikane am Arbeitsplatz". Mobbing-Handlungen können zu schweren Rechtsbrüchen führen, wie zum Beispiel groben Benachteiligungen bei den Arbeitsbedingungen, ungerechtfertigten Versetzungen oder Entlassungen und Kündigungen. Sie können aber auch strafbare Handlungen wie Nötigung, Beleidigung, üble Nachrede, Erpressung, Sachbeschädigung oder Körperverletzung beinhalten. Im Fall rechtlicher Auseinandersetzungen ist die Einschaltung eines Rechtsanwaltes dringend geboten, um die Interessen der Betroffenen entsprechend zu wahren (vgl. KOLODEJ 2005, 124 f.).

Kündigung

Mobbing-Betroffene stehen unter einem innerlichen und äußerlichen Druck, der sie manchmal zu Fluchttendenzen zwingt, die zu einer überstürzten Kündigung führen. Wichtig ist, dass bei einer Kündigung der Betriebsrat eingeschaltet wird, um Minimalabsicherungen zu gewährleisten. Hierbei ist dem Arbeitszeugnis eine besondere Beachtung beizumessen, um Schwierigkeiten mit potenziellen neuen Arbeitgebern zu vermeiden (vgl. KOLODEJ 2005, 130).

Therapeutische Interventionen

Bei hartnäckigen Krankheitserscheinungen kann eine Psychotherapie oder ärztliche Hilfe und im Extremfall auch ein stationärer Klinikaufenthalt notwendig werden. Wichtig ist, dass die behandelnden Ärzte, Psychologen oder Therapeuten mit dem Phänomen Mobbing vertraut sind, um entsprechende heilende Maßnahmen bzw. therapeutische Maßnahmen wie Gesprächs- oder Verhaltenstherapie einleiten zu können. Eine stationäre Behandlung ist dann angezeigt, wenn die Krankheitssymptome bereits so weit fortgeschritten sind, dass es zu einer andauernden Persönlichkeitsveränderung und generellen Angststörungen gekommen ist (vgl. KOLODEJ 2005, 130 f.).

Neue berufliche Perspektiven suchen
Der Verlust des Arbeitsplatzes ist oft das Ergebnis des Mobbing-Geschehens, entweder weil die Mobbing-Betroffenen keinen anderen Ausweg sehen und selbst kündigen oder gekündigt werden. Es ist daher erforderlich, die beruflichen Perspektiven zu analysieren. Die Betroffenen sollten für sich klären, ob sie in derselben Berufsparte neue berufliche Möglichkeiten haben oder ob Umschulungsmaßnahmen und die Aufnahme anders gelagerter Tätigkeiten nötig sind.

Bei Bewerbungen sollte das Thema Mobbing möglichst tabu sein, da ansonsten der potenzielle Arbeitgeber eventuell den Eindruck gewinnt, man wäre ein „schwieriger Fall" (vgl. KOLODEJ 2005, 131).

4.3   Beratung und Behandlung von Mobbing-Opfern

Wer gemobbt wird und mit dieser Tatsache nicht allein fertig wird, wird das Bedürfnis haben, mit anderen Menschen darüber zu reden oder sich beraten zu lassen. Da durch Mobbing zum Teil erhebliche psychische und körperliche Belastungen der Opfer entstehen, suchen Mobbing-Opfer häufig zunächst ihren Hausarzt auf, um sich Medikamente gegen die auftretenden gesundheitlichen Beeinträchtigungen verschreiben zu lassen. Da aber das Mobbing-Problem als unerkannte Ursache der Beschwerden durch die Medikamente nicht beseitigt wird, muss die ärztliche Beratung und Behandlung durch eine psychologische Beratung und psychotherapeutische Behandlung ergänzt werden. Schon durch die bloße Schilderung der Mobbing-Handlungen können sich viele Mobbing-Opfer ein bisschen von dem auf ihnen lastenden psychischen Druck befreien. Wichtig dabei ist zunächst nicht die Fachkompetenz des Gesprächspartners, sondern vor allem das Zuhören eines Menschen, der dem Mobbing-Opfer vor allem verständnisvoll begegnet. Professionelle psychologische Beratung wird sich allerdings nicht nur auf interessiertes Zuhören bei der Schilderung der Mobbing-Attacken beschränken, sondern qualifizierte Psychologen werden gezielt versuchen, die Mobbing-Ursachen zu erfassen, um fundierte Ratschläge zur Problembewältigung zu geben (vgl. ZUSCHLAG 2001, S.177 f.).

5 Rechtsprechung und Politik

5.1 Rechtsgrundlagen

Da Mobbing-Aktivitäten arbeitsrechtliche Konsequenzen nach sich ziehen können (z.b. Versetzung, Entlassung, Kündigung), aber auch strafbare Handlungen darstellen können (z.b. Rufschädigung, Beleidigung, Sachbeschädigung, Körperverletzung) ist auch die rechtliche Einordnung der Mobbing-Handlungen von besonderer Bedeutung.

Die Thematik des Mobbings ist aus juristischer Sicht ein relativ junges Gebiet. Es besteht in gewisser Hinsicht das Problem darin, dass es keine speziellen Rechtsgrundlagen gibt. Es müssen daher "allgemeine" Gesetze und Ordnungen herangezogen werden. Je nachdem wie der Fall gelagert ist, müssen unterschiedliche Normen aus verschiedenen Gesetzen zur Anwendung kommen. Nahe liegend sind das Strafgesetzbuch (z.B.: §§ 223 Körperverletzung und 240 Nötigung, 241 Bedrohung) das BGB (z.B.: §§ 823 Schadensersatzpflicht, 1004 Unterlassungsanspruch) oder die verschiedenen Arbeitsgesetze, beispielsweise wegen Verletzung von Fürsorgepflichten des Arbeitgebers (MARCINKOWSKI 2006, Auskunft).

Allgemeine rechtliche Handlungsmöglichkeiten und Grundlagen sind im Betriebsverfassungsgesetz geregelt. Hierbei sind insbesondere der § 75, der die Grundsätze für die Gleichbehandlung von Betriebsangehörigen vorschreibt, und der § 104, der die Entfernung betriebsstörender Arbeitnehmer bei Verstoß gegen den § 75 ermöglicht, zu nennen. Jeder Arbeitnehmer hat nach § 84 das Recht, sich bei den zuständigen Stellen des Betriebes zu beschweren, wenn er sich vom Arbeitgeber oder von Arbeitnehmern des Betriebes benachteiligt oder ungerecht behandelt oder in sonstiger Weise beeinträchtigt fühlt (vgl. Ver.di 2005).

5.2 Gerichtsurteile

Wichtige Urteile zum Thema Mobbing sind:

- BAG vom 15. Januar 1997 - 7 ABR 14/96, AiB 1997, 410
  = NZA 1997, 781: Erforderlichkeit einer Betriebsratsschulung zum Thema "Mobbing"
- ArbG Kiel vom 16. Januar 1997 - 5d Ca 2306/96:
  Serienabmahnungen und Bagatellabmahnungen
  sind typische Fälle von Mobbing und damit unzulässig
- ArbG Kiel vom 27. Februar 1997 - H 5d BV 41/96, AiB
  1997, 410 = NZA-RR 1998, 212 :
  Schulung bereits bei ersten Anzeichen für Mobbing erforderlich
- LAG Frankfurt vom 26. August 1997 - 7 Sa 535/97,
  ArztR 1998, 146: Mobbing kann zur Zurückhaltung der eigenen Arbeitsleistung berechtigen
- Landesarbeitsgericht Sachsen-Anhalt vom 27. Januar
  2000 - 9 Sa 473/99: Mobber können fristlos gekündigt
  werden – u.U. erst nach Abmahnung
- Landesarbeitsgericht Hamm vom 27. September 2000 -
  14 Sa 1163/00: Kündigung in der Probezeit kann bei
  Nachweis von Mobbing oder sexueller Belästigung unwirksam sein
- BSG, Urteil vom 14. 2. 2001 - B 9 VG 4/ 00 R: „Mobbing"
- LAG Thüringen vom 10.04.2001 - 5 Sa 403/00: „Mobbing-Urteil"

(JURACITY 2006, Internet).

5.3   Was sagt die Politik?

Viele Institutionen befassen sich national und international mit dem Thema Mobbing. Beispielsweise hat das Europäische Parlament im Jahr 2001 in einem Arbeitsdokument Lösungsvorschläge für einen verbesserten Schutz gegen Mobbing festgehalten. Dabei wurden unter anderem präventive Maßnahmen im Rahmen einer Aufklärungskampagne wie die Verteilung von Aufklärungsbroschüren, Veröffentlichungen von Artikeln, Präsentationen von Videos, Vorträge und Diskussionen gefordert. Ein weiterer wesentlicher Vorschlag war der Aufbau einer Anti-Mobbing-Infrastruktur in den Unternehmen, der insbesondere die Einführung von Mobbing-Beauftragten und die Vereinfachung von Verfahren zur Anzeige und Untersuchung von Mobbing-Vorfällen vorsah. Im Bereich der Interventionsmaßnahmen wurde die Unterbindung von Mobbing-Aktivitäten durch weitergehende gesetzgebende Maßnahmen und die Unterstützung der Opfer in Form der psychosozialen Rehabilitation vorgeschlagen (Staatsekretariat für Wirtschaft 2002, 61 f.).

6 Eigene Untersuchungen

6.1 Interviews

Das Interview der Mobbing-Betroffenen G. aus Berlin diente als Grundlage für die Einleitung des Themas.

Außerdem haben Gespräche mit B. aus Berlin stattgefunden. B. war 14 Jahre im Friseurhandwerk in verschiedenen Geschäften tätig und hat über verschiedene Angriffe auf die Persönlichkeit von Angestellten berichtet, die sie während dieser Zeit beobachtet hat. Zu den Handlungen zählten beispielsweise das planmäßige Verbreiten von Gerüchten, Beleidigungen, Schuldzuweisungen, Respektlosigkeit, Unterstellungen, Diebstahl und absichtliche Sachbeschädigung. Als wesentliche Ursache für diese Handlungen nannte B. Neid. (B. 2006, Interview).

Die Beobachtungen bestätigen Untersuchungen, bei denen Neid als häufigste Ursache für Mobbing-Aktivitäten festgestellt wurde. So etwa in 63 % der Fälle in der Untersuchung von Vartia (1996), bei der Auswertung des Mobbing-Telefons in Stuttgart (1996), aber auch in Auswertungen von Mobbing-Opfern in Hamburg durch Halama und Möckel (1995) und in einer DAG-Stichprobe (1994) wurde der Begriff Neid in 35 % der Fälle genannt (ZAPF 1999,15).

Neben der Schlüsselrolle von Führungskräften im Rahmen der betrieblichen Prävention ist auch die Konfliktbewältigung ein zentraler Punkt. Das Problem mit seelischer Gewalt ist vor allem eines von Grenzen und Regeln. Die verantwortlichen Führungskräfte müssen durchgreifen und Ordnung schaffen, indem sie respektloses Verhalten erkennen, unterbinden und nötigenfalls bestrafen. Mit Unterstützung der obersten Führungsebene müssen sie Regeln schaffen, die vorgeben, was erlaubt und was verboten ist. Es wurden Auskünfte von einer dafür qualifizierten Beraterin eingeholt.

6.2 Ergebnis

Aus den Schilderungen von G. und B. ließen sich drei wesentliche Motive von Mobbern ableiten. Erstens die Angst vor dem Verlust des Arbeitsplatzes. Ein weiteres Motiv ist übersteigerter Ehrgeiz, der sich durch unbedingtes Streben nach bestimmten Zielen ohne Rücksicht auf die Belange andere äußert. Und nicht zuletzt spielt Neid auf selbstbewusstes Auftreten, positive Ausstrahlung, fachliche Kompetenz und Anerkennung bei Dritten eine bedeutende Rolle als Beweggrund für Mobbing-Handlungen.

Grundlagen für einen konstruktiven Umgang mit dem Problem zu finden, gelingt durch gezieltes Coaching. Hierbei entwickeln Führungskräfte Fähigkeiten, Auswege aus vermeintlichen Sackgassen zu finden. Folgende Einzelschritte für das Coaching werden vorgeschlagen:

- Sammeln von Informationen
- Trennen von Beobachtung, Zuschreibung und Emotionen
- Feedback geben
- Problem definieren
- Ziel definieren
- Ressourcen sammeln und aktivieren
- Gespräch bzw. den Konflikt und seine Steuerung vorbereiten und trainieren
- Gespräche zwischen Coach, Vorgesetzten, Mobbern und Team
- Prozessbegleitung, Übertragung der Vermittlung auf externe Helfer

(SCHMIDT 2007, Auskunft)

7 Zusammenfassung

Mobbing ist keine Modeerscheinung, sondern aus vieler Hinsicht ein ernstzunehmendes Phänomen, welches als systematische Feindseligkeit am Arbeitsplatz bezeichnet werden kann. Darunter sind wiederholte und eindeutig negative Handlungen zu verstehen, die sich in verletzender Absicht gegen einen Arbeitnehmer richten. Die Sensibilisierung für das Thema Mobbing liegt nicht nur im Interesse der direkt Betroffenen, bei denen in erster Linie die Gefährdung der Gesundheit im Vordergrund steht. Aus betriebswirtschaftlicher Sicht ist an die Reduzierung von zusätzlichen Kosten aufgrund von Arbeitsbeeinträchtigungen durch Fehlzeiten, schlechten Arbeitsleistungen, Inanspruchnahme externer Berater und auch Imageverschlechterungen zu denken. Die gesellschaftliche Belastung hinsichtlich erhöhter Krankenkassen- und Rentenleistungen kann durch Verhinderung von Mobbing erheblich verringert werden. Der Ansatzpunkt zur Bekämpfung von Mobbing liegt in der Integration des Themas in die Unternehmenskultur, wobei geschulte Führungskräfte die Schlüsselpositionen in den Betrieben einnehmen, um Mobbing-Prozesse zu unterbinden.

Quellenverzeichnis

B. (2006): Mobbing-Zeugin aus Berlin, Interviews im Dezember 2006

ESSER, AXEL / WOLMERATH, MARTIN (2005): Mobbing. Der Ratgeber für Betroffene und ihre Interessenvertretung, 6. akt. Auflage, Frankfurt: Bund

G. (2006): Mobbing-Betroffene aus Berlin, Interview vom 27.12.2006

Juracity, Rechtsportal im Internet
Online im Internet:
URL:http://www.felser.de/juracity.de/index.htm?http://www.juracity.de/mobbing/index.htm [Stand: 20.01.2007]

KOLODEJ, CHRISTA (2005): Mobbing. Psychoterror am Arbeitsplatz und seine Bewältigung, Facultas: Wien

KRATZ, HANS-JÜRGEN (2003): Mobbing. Erkennen, ansprechen, vorbeugen, 3. akt. u. erw. Auflage, Frankfurt/Wien: Redline

LEYMANN, HEINZ (2006): Mobbing, 13.Auflage, Reinbek bei Hamburg: Rowohlt

MARCINKOWSKI, JUDITH: Rechtsanwältin, Auskunft vom 30.11.2006

MESCHKUTAT, BÄRBEL / STACHELBECK, BÄRBEL / LANGENHOFF, GEORG (2005): Der Mobbing-Report, Eine Repräsentativstudie für die Bundesrepublik Deutschland, 6.Auflage, Dortmund/Berlin/Dresden: Wirtschaftsverlag NW

NIEDL, KLAUS (1995): Mobbing/Bullying am Arbeitsplatz, Eine empirische Analyse zum Phänomen sowie zu personalwirtschaftlich relevanten Effekten von systematischen Feindseligkeiten, München und Mering: Hampp

SCHMIDT, GABRIELE (2007): Lehrerin, Sozialpädagogin und Fach-Therapeutin für Psychotherapie i.A., Auskünfte im Januar 2007

Staatssekretariat für Wirtschaft, Direktion für Arbeit 2002, Mobbing und andere psychosoziale Spannungen am Arbeitsplatz in der Schweiz
Online im Internet:URL:http://www.mobbing-info.ch/data/data_2.pdf
[Stand: 30.11.2006]

STRUNZ, HERBERT („o.J."): Betriebssoziologie/-psychologie. Studienbrief 2: Die Gruppe. Studienbrief der Hamburger Fern-Hochschule

TAGLIEBER, WALTER,
Senatsverwaltung für Jugend, Bildung und Sport:
Berliner Anti-Mobbing-Fibel
Online im Internet:URL:http://www.lisum.de/Inhalte/Data/
Veroeffentlichung/neuerscheinungen/index.html [Stand: 30.11.2006]

Ver.di – Vereinte Dienstleistungsgewerkschaft, Mobbing erfolgreich
widerstehen
Online im Internet:URL:http://www.verdi-kiel.de/Chronik/Chronik_2005/
EndfassungMobbingKiel.pdf [Stand: 30.11.2006]

ZAPF, DIETER (1999): Mobbing in Organisationen – Überblick zum Stand
der Forschung. Zeitschrift für Arbeits- und Organisationspsychologie, Nr.
43, S. 1–25

ZUSCHLAG, BERNDT (2001): Mobbing – Schikane am Arbeitsplatz,
3. überarb. Auflage, Göttingen: Verlag für Angewandte Psychologie